o *Chamado* do Empreendedor

ROBERT A. SIRICO

O *Chamado* do Empreendedor

Prefácio à edição norte-americana por William E. LaMothe

Apresentação à edição brasileira por Adolpho Lindenberg

Posfácio à edição brasileira por Antonio Cabrera

Tradução de Márcia Xavier de Brito

São Paulo | 2019

Impresso no Brasil, 2019

Título original: *The Entrepreneurial Vocation*
Copyright © 2001 by Acton Institute for the Study of Religion and Liberty

Os direitos desta edição pertencem à
LVM Editora
Rua Leopoldo Couto de Magalhães Júnior, 1098, Cj. 46
04.542-001. São Paulo, SP, Brasil
Telefax: 55 (11) 3704-3782
contato@lvmeditora.com.br · www.lvmeditora.com.br

Editor Responsável | Alex Catharino
Tradução | Márcia Xavier de Brito
Revisão da tradução | Alex Catharino
Revisão ortográfica e gramatical | Márcio Scansani / Armada
Preparação dos originais | Alex Catharino
Revisão final | Márcio Scansani / Armada
Capa | Mariangela Ghizellini / LVM
Projeto gráfico | Sonia Butie Silva / Spress
Diagramação e editoração | Spress
Elaboração do índice remissivo | Márcio Scansani / Armada
Produção editorial | Alex Catharino
Pré-impressão e impressão | PlenaPrint Gráfica

Dados Internacionais de Catalogação na Publicação (CIP)
Angélica Ilacqua CRB-8/7057

S633c
Sirico, Robert A.
    O chamado do empreendedor / Robert A. Sirico ; prefácio à edição norte-americana por William E. LaMothe, apresentação à edição brasileira por Adolpho Lindenberg, posfácio à edição brasileira por Antonio Cabrera, tradução de Márcia Xavier de Brito. – São Paulo, SP : LVM Editora, 2019.
    80 p.

    ISBN: 978-85-93751-70-7
    Título original: The Entrepreneurial Vocation

    1. Negócios - Aspectos religiosos - Cristianismo 2. Empreendedorismo - Filosofia 3. Vocação I. Título II. LaMothe, William E. III. Lindenberg, Adolpho IV. Cabrera, Antonio V. Brito, Márcia Xavier de

19-1429   CDD 261.85

Índices para catálogo sistemático:
1. Negócios - Aspectos religiosos - Cristianismo 261.85

Reservados todos os direitos desta obra.
Proibida toda e qualquer reprodução integral desta edição por qualquer meio ou forma, seja eletrônica ou mecânica, fotocópia, gravação ou qualquer outro meio de reprodução sem permissão expressa do editor.
A reprodução parcial é permitida, desde que citada a fonte.

Esta editora empenhou-se em contatar os responsáveis pelos direitos autorais de todas as imagens e de outros materiais utilizados neste livro.
Se porventura for constatada a omissão involuntária na identificação de algum deles, dispomo-nos a efetuar, futuramente, os possíveis acertos.

SUMÁRIO

Apresentação à edição brasileira 7
Adolpho Lindenberg

Prefácio à edição norte-americana.................. 11
William E. LaMothe

O CHAMADO DO EMPREENDEDOR

Introdução do Autor
O Preconceito contra os Empresários e o risco do Divórcio entre os mundos dos Negócios e da Fé 17

Capítulo 1
Administração de Talentos: A linha divisória intelectual entre líderes religiosos e empresariais 23

Capítulo 2
A linha divisória prática entre os líderes religiosos e empresariais 27

Capítulo 3
O justo descontentamento moral 31

Capítulo 4
Empresários e Economistas: Disputa de família ou rivalidade entre irmãos? 35

Capítulo 5
Capitalistas Anticapitalistas 37

Capítulo 6
Teologia do Domínio e Ideologia Econômica 43

Capítulo 7
Empreendedorismo como Vocação Espiritual 47

Capítulo 8
Argumento Bíblico a favor do Empreendedorismo 53

Posfácio à edição brasileira 65
Antonio Cabrera

Índice Remissivo e Onomástico 69

APRESENTAÇÃO À EDIÇÃO BRASILEIRA

O pensamento social-democrata, de esquerda e "progressista", baseia-se na crença de que as desigualdades sociais e econômicas, que ainda persistem no mundo, são as responsáveis por todos os males existentes: os confrontos, os desacertos, as rivalidades, as invejas e as guerras.

Segundo a visão marxista, qualquer tipo de superioridade de uns em relação a outros gera um poder aos superiores para dominarem e espoliarem seus inferiores. Esse poder dos ricos, segundo essa mentalidade, dos capitalistas, dos banqueiros, dos empreendedores, por ser injusto e espoliativo, necessita ser eliminado numa sociedade futura, fraterna, pacífica e igualitária.

Essa visão negativa dos bem-sucedidos, daqueles que "venceram na vida", é alimentada, também, pelo despeito dos que, não querendo correr os riscos inerentes em todos os negócios, preferiram uma vida sem sobressaltos e riscos. Tal concepção é diametralmente oposta à cristã que considera o superior – o pai, o mestre, o patrão – como um benfeitor, um exemplo a ser seguido.

A literatura romântica do século XIX, influenciada pelos ideais da Revolução Francesa, primou em descrever os donos do dinheiro, os patrões, os capitalistas selvagens, como pessoas gananciosas, sem escrúpulos, abocanhando as maiores fatias do bolo econômico. Exemplos desse unilateralismo foram Vitor Hugo (1802-1885) e Charles Dickens (1812-1870). E não somente os empreendedores foram demonizados, mas o lucro, ao invés de ser visto como uma justa remuneração do trabalho, dos riscos e do capital aplicado, foi denunciado como amoral, injusto e danoso para os assalariados. As empresas estatais, por não visarem o lucro, mas o bom serviço à população, deveriam proliferar em detrimentos das empresas da iniciativa privada.

O desacerto desses conceitos contaminou não só a opinião pública, como os meios eclesiásticos também. Parte do clero, adeptos do modernismo, com mentalidade progressista, condenado pelo Papa São Pio X (1835-1914), além de não perderem ocasião para condenar o capitalismo, apresentando-o como um sistema injusto, imoral e opressor, enaltecem os países e os partidos de cunho esquerdizante. Situando-se na posição estremada desse modo de pensar podemos apontar a chamada Teologia da Libertação.

Além de prestigiar de todos modos possíveis a figura do ex-franciscano Leonardo Boff, mentor da Teologia da Libertação em nosso país, o Papa Francisco, tem ido em direção diametralmente oposta aos ensinamentos dos mestres escolásticos da Universidade de Salamanca, o principal centro de estudos sobre economia na Idade Média, dos discursos e encíclicas sociais do Papa São João Paulo II (1920-2005) e do que sempre defendeu o professor Plinio Corrêa de Oliveira (1908-1995) em suas numerosas obras. O atual pontífice romano não perde ocasião para cercear o direito de propriedade, bem como condenar o mercado livre e os Estados Unidos.

No momento presente, na véspera do Sínodo da Amazônia, esta temática adquire uma importância toda especial, pois o Papa Francisco, os bispos católicos progressistas e as figuras políticas que os apoiam tentarão transformar este evento num palco para críticas ao atual governo brasileiro e para prestigiar as ONGs que visam, num futuro próximo, a criação de uma nação indígena independente do Brasil.

O padre Robert A. Sirico, no ensaio *O Chamado do Empreendedor*, demonstra magistralmente o quanto os empreendedores são benéficos para a sociedade e o quanto eles são vilipendiados pela esquerda. Utilizando os talentos da inovação, da capacidade administrativa, do discernimento comercial, os empreendedores não abocanham a "maior fatia do bolo ", mas fazem o bolo crescer de modo a todos ficarem com fatias maiores. O que os pobres precisam não é de uma melhor distribuição das riquezas, mas de condições para ficarem ricos.

A temática mais original da obra, no entanto, é o apontamento da "dimensão espiritual" das empresas – "a sede humana pela transcendência é o início da busca por Deus". O valor moral intrínseco àqueles que colocam seu "talento, pendor e aptidão" para trabalhar e produzir riquezas dentro do contexto da fé, a meu ver, é de suma importância e constitui um novo argumento para aqueles que defendem o direito de propriedade e a economia de mercado. O fato do ato de produzir riquezas, em si mesmo, ser virtuoso, nunca é lembrado nos compêndios que versam sobre o capitalismo. O livreto do Padre Robert Sirico preenche uma importante lacuna.

Adolpho Lindenberg
Diretor Presidente
Construtora Adolpho Lindenberg S.A.

PREFÁCIO À EDIÇÃO NORTE-AMERICANA

Para os indivíduos que passaram a maior parte dos anos no mundo dos negócios, o título desse ensaio do Padre Robert Sirico pode soar um tanto estranho. Na minha experiência, a própria palavra "vocação", em geral, significa um *chamado*, que, por sua vez, normalmente, sugere um chamamento religioso a viver como padre ou freira ou como pastor ou missionário. A pergunta que o título propõe, então, é a seguinte: como os conceitos de empreendedor e de vocação podem ser reunidos e fazer sentido?

Nesse livreto, padre Sirico responde à questão. Certamente, podemos levantar a hipótese de que todos os empreendedores acreditam com muito fervor em suas ideias para aceitar o fato das ideias carregarem consigo um chamado – um chamado que os estimula, muitas vezes, a arriscar tudo para fazer acontecer. Se um produto ou serviço tem êxito, preenche a necessidade dos que o compram e, o empresário pode alcançar fama e riqueza. Até mesmo se um determinado produto fracassa, o empresário pode manter a confiança, caso esteja convencido que Deus o escolheu para realizar esse tipo de tarefa como a obra de sua vida.

Padre Sirico assinala para os empreendedores a necessidade de um arcabouço moral, dentro do qual compreender os esforços. Essa compreensão ajuda o homem de negócios a afirmar a dignidade do empreendimento que assumiu. Também lhe confere certas responsabilidades; não pode pensar em seus esforços empresariais sem referência aos ditames da consciência e aos princípios religiosos aos quais se mantém fiel. O ensaio também destaca a necessidade de outros, em especial dos líderes religiosos, de reconhecer e apreciar o caráter moral dos esforços do empreendedor. Muitos líderes religiosos desconfiam do sistema de livre mercado e do empresário. Padre Sirico não só tenta esclarecer a divisão entre homens de negócios e clérigos, mas também oferece uma via para construir uma ponte nessa lacuna. Ele o faz ao elucidar os princípios cristãos inerentes ao espírito empresarial.

O autor está em uma posição única para analisar os mundos da religião e dos negócios. Como membro do clero, passou pela experiência de seminário, da formação teológica e trabalhou como pastor. Entende as exigências de justiça social e apresenta uma preocupação profunda para com os que não são capazes de partilhar da riqueza criada pela economia de mercado.

Ao mesmo tempo, é um estudioso do sistema da livre empresa. Escreveu e palestrou de modo considerável sobre a excelência de uma sociedade que é, ao mesmo tempo, livre e virtuosa. Também interagiu e orientou líderes empresariais. Padre Sirico não só convoca o religioso a se ocupar do empresário e vice-versa – ele inicia esse encontro. Testemunho, de primeira mão, que os seminários para executivos são eventos que colocam em prática os princípios salientados nesse ensaio. Tirei muito proveito das reflexões do padre Sirico, que me levaram a uma compreensão melhor do papel que exerço como empresário e as responsabilidades morais que acompanham esse chamado.

Espero, sinceramente, que todos os empreendedores e líderes empresarias (bem como outras pessoas) possam, por intermédio deste ensaio, vir a compreender melhor o papel do empreendedorismo e sua sublime dimensão como um chamado de Deus.

William E. LaMothe
Presidente Emérito
Kellogg Corporation

O *Chamado* do Empreendedor

INTRODUÇÃO DO AUTOR
O Preconceito contra os Empresários e o risco do Divórcio entre os mundos dos Negócios e da Fé

Houve uma época, num passado não tão distante, em que o preconceito era uma postura social aceitável. Contudo, os estereótipos, que normalmente funcionam como atalhos ao conhecimento, hoje são considerados ofensivos. Isso é assim, não importando se eles irão esclarecer ou não as características do grupo. Os homens não devem ser julgados meramente pelas associações que estabelecem, sem levar em conta a pessoa ou as qualidades individuais que tenham. Tal tendência é censurável a qualquer um que tenha sensibilidade moral.

A despeito da atitude louvável da cultura popular contra os preconceitos de qualquer espécie, resta um grupo ao qual foi aberta, extraoficialmente, a temporada de caça: os empresários.

Vemos claramente a prova desse preconceito em quase todos os ambientes, especialmente nos meios populares de comunicação. Consideremos, por exemplo, as obras de literatura clássicas – digamos de Charles Dickens (1812-1870)[1] ou de Sinclair Lewis (1885-1951)[2] –, os programas de televisão – tais como *Dallas* e *Dinastia* –, os filmes – *Síndrome da China*, *Wall Street: Poder e Cobiça* e algumas versões de *Um Conto de Natal* –, tiras de quadrinhos – tais como *Doonesbury* e *Dilbert* – e até mesmo os sermões em que os empresários são retratados como gananciosos, imorais e criminosos[3].

Em raras ocasiões, quando os formadores de opinião, especialmente os líderes morais, deixam de denunciar o "apetite voraz" e o "consumo obsceno e conspícuo" desses capitalistas, o melhor que podemos esperar é que essas pessoas de negócios sejam toleradas como necessariamente más. A maioria dos editores de notícias, romancistas, produtores de filmes e clérigos admitem que o comércio requer uma ampla e complicada rede de controles para servir às genuínas necessidades humanas. Até mesmo os simpatizantes do capitalismo frequentemente demonstram a mesma atitude. Líderes religiosos e críticos do mercado muitas vezes fazem confusão nos modos de pensar econômico e moral. Isso pode ser visto, por exemplo, na recusa em atribuir qualquer moralidade ao empresário. Assim, em vez de elogiar o empresário como uma pessoa de ideias, um inovador econômico, ou um provedor de capital, o sacerdote

---

1 DICKENS, Charles. *Hard Times for These Times*. London: Oxford University Press, 1955; DICKENS, Charles. *Dealings with the Firm of Dombey and Son, Wholesale, Retail, and for Exportation*. London: Oxford University Press, 1964.
2 LEWIS, Sinclair. *Babbitt*. New York: Harcourt, Brace and, Company, 1922.
3 Para uma descrição mais ampla de como os empresários são retratados na literatura, ver: McTAGUE, Michael J. *The Businessman in Literature: Dante to Melville*. New York: Philosophical Library, 1979.

católico ou o ministro reformado medianos veem os homens de negócios como indivíduos que trazem consigo uma culpa adicional. Por quê? Por possuir, controlar ou manipular um percentual desproporcional da riqueza "da sociedade".

Embora os empreendedores não devessem ser tão injustamente criticados por produzir dinheiro, eles também não devem ser tratados como vítimas de uma discriminação injusta que merece uma benção especial. No entanto, também é verdade que a profissão que escolheram deva ser legitimada pela fé. O público deve começar a reconhecer o valor da vocação empresarial, a sábia administração dos talentos, e as contribuições tangíveis dos empreendedores para a sociedade.

A consequência do divórcio entre o mundo dos negócios e o mundo da fé seria desastrosa em ambas arenas. Para o mundo dos negócios, significaria não reconhecer nenhum valor superior à oportunidade, ao lucro e à utilidade e que resultaria no que tem sido descrito como capitalismo sanguinário ou selvagem[4]. Isso levaria a uma visão truncada dos consumidores, bem como dos produtores, cujo único valor seria medido pela utilidade. Não é necessária muita imaginação para estimar o efeito que tais atitudes exerceriam numa ampla gama de normas cívicas e sociais. Da mesma forma, as noções pré-concebidas de líderes religiosos devem ser contestadas para evitar a acusação de "estarem tão ocupados com as coisas celestiais que não são suficientemente bons com as coisas da terra". Esquecendo que o empreender requer discernimento ou intuição, e não meramente um ponto de referência transcendente assinalando o bem comum da sociedade, os críticos religiosos não dão atenção à dimensão espiritual implícita da empresa.

---

4 Idem. *Ibidem*, p. 63-71.

Alguns moralistas[5] parecem entender a ética empresarial como um oxímoro ou como um esforço para subordinar o que é um mecanismo intrínseco e eticamente comprometido com as normas morais. Nessa perspectiva, a ética e os negócios encontram-se numa tensão fundamental. No entanto, vejo essa questão de modo diferente. Meu trabalho com grupos de líderes empresariais de sucesso, as longas leituras nos campos da Economia e da Ética Empresarial e uma boa parte de meditação e oração nesses assuntos me levaram a conclusão de que *a busca pela excelência é o início da busca por Deus*. Posto de forma sucinta, a sede humana pela transcendência é o que leva as pessoas a buscar a excelência, tenham ou não ciência disso. Não obstante, isso não impede o nosso impulso inicial e intuitivo de fazer um esforço (divino) na direção certa. Isso também ocorre com a capacidade humana de conhecimento. Vários filósofos e teólogos sustentam que a busca do homem por conhecimento revela que os seres humanos são ontologicamente orientados para a verdade. A razão humana foi originalmente projetada para ter uma consciência imediata da verdade[6]. O principal argumento

---

5 O mais puro representante histórico dessa postura seria Bernard Mandeville (1670-1733), que acreditava que a prosperidade econômica resultava das ações de indivíduos egoístas e amorais. Mandeville sustentava que, para alcançar o sucesso econômico, as pessoas deveriam ser libertadas das restrições da moralidade convencional. Isso rebaixou as prescrições da ética comercial ao patamar de ficções úteis criadas para manter a ordem e assegurar resultados previsíveis. MANDEVILLE. Bernard. *The Fable of the Bees*. Ed. F. B. Kaye. London: Oxford University Press, 1924. vol. 1. p. 46. Para uma crítica de Mandeville e seus seguidores contemporâneos, ver: BARRY, Norman P. *Anglo American Capitalism and the Ethics of Bussiness*. Wellington: New Zealand Bussiness Roundtable, 1999. p. 8-16. Ver, também: BARRY, Norman P. *The Morality of Bussiness Enterprise*. Aberdeen: Aberdeen University Press, 1991. p. 3-6.
6 JOÃO PAULO II, Papa. *Crossing the Threshold of Hope*. Ed. Vittorino Messori. New York: Alfred A. Knopf, 1994. p. 32-36. JOÃO PAULO II, Papa. *Carta Encíclica* Fides et Ratio: *Sobre as relações entre Fé e Razão*. São Paulo: Paulinas, 2ª edição, 1998. §§ 4-5.

desse ensaio é que tanto a busca por excelência como a constituição original da razão, revelam a orientação ontológica da humanidade rumo ao bem mais alto e mais supremo, a saber, a perfeita apreensão de Deus no paraíso (*1Cor* 13,12).

CAPÍTULO 1
ADMINISTRAÇÃO DE TALENTOS: A LINHA DIVISÓRIA
INTELECTUAL ENTRE LÍDERES RELIGIOSOS E EMPRESARIAIS

Já é tempo das instituições religiosas e seus líderes tratarem a atividade empresarial como uma vocação digna, de fato como um chamado sagrado. Todos os leigos têm um papel especial a exercer na economia da salvação, partilhando o objetivo de fomentar a fé ao utilizar os talentos de forma complementar. A cada pessoa criada à imagem de Deus são dadas certas habilidades naturais que Deus deseja ver cultivadas e tratadas como dons bons. Se acontecer desse dom ser uma inclinação para os negócios, para operar na bolsa de valores ou de ter um banco de investimentos, a comunidade religiosa não deveria condenar a pessoa meramente por conta de sua profissão.

Em resposta aos meus escritos numa variedade de revistas de negócios, pessoas de um determinado perfil entram em contato comigo. Numa ocasião, um senhor me telefonou para informar que tinha acabado de ler um artigo meu na revista *Forbes*. A leitura, explicou-me, foi uma experiência emocional impactante, pois em toda a educação católica que recebeu e na constante frequência à igreja ele nunca tinha visto um sacerdote falar de forma tão profunda sobre as responsabilidades, tensões e riscos inerentes ao ato de empreender. Não havia, ele se perguntava, algum componente espiritual em tudo aquilo que ocupara tanto tempo de sua vida? Ao ler o artigo, sentiu-se confirmado – pela primeira vez – por um líder religioso, naquele ponto particular de sua vida onde tinha passado a maior parte do tempo e dedicado maior esforço: o mundo do trabalho.

Esse homem representa outros tantos homens cujas histórias são muitas para contar aqui. Muitas vezes são pessoas relativamente bem-sucedidas com profundas convicções morais e religiosas. No entanto, cada uma delas experimenta uma tensão moral, não porque o que ele ou ela fazem seja de algum modo errado, mas porque a liderança religiosa normalmente tem falhado em apreender a dinâmica dessa vocação e de assim promover uma direção moral e apoio relevantes.

Essas pessoas representam uma gama de tradições cristãs, e todas expressam uma sensação de estar sendo desprivilegiada e alienada de suas igrejas. Os líderes religiosos geralmente demonstram um conhecimento muito pequeno da vocação empresarial, do que requer e daquilo que ela contribui para a sociedade. Infelizmente, a ignorância dos fatos não os impede de emitir juízos morais sobre assuntos econômicos e de causar enormes danos ao desenvolvimento espiritual das pessoas do mundo dos negócios. Particularmente, recordo-me de um senhor, que se descrevia como cristão conservador e que dizia que não frequentava mais a igreja porque se recusava a sentar no banco da igreja com sua família e, de fato, ser castigado por sua sagacidade nos negócios. Quantos sermões críticos os pequenos empresários e os homens de investimento terão de ouvir antes que ele ou ela perca as esperanças e decida dormir no dia do Senhor?

Michael Novak (1933-2017) relata outra experiência que demonstra a resistência quase impenetrável que alguns clérigos demonstram ao admitir o potencial moral da liberdade de mercado. Sua experiência ocorreu numa conferência sobre Economia em que participaram diversos sacerdotes da América Latina. A conferência durou diversos dias, dentre os quais uma hipótese muito aceita foi apresentada, a saber, de como a Economia livre é capaz de tirar o pobre da pobreza através dos meios produtivos do mercado. Os sacerdotes permaneceram em silêncio até o último dia da conferência, e Novak nos faz um relato interessante do que aconteceu a seguir:

> Na última sessão do que tinha sido uma conferência feliz, um dos padres se levantou para dizer que seus colegas haviam se reunido na noite anterior e o pediram para representá-los numa declaração. "Temos", disse, "apreciado enormemente essa semana. Aprendemos muitas coisas. Vimos que o capitalismo é o meio mais eficiente de produzir riqueza, e até mesmo que distribui riqueza de modo mais amplo e equitativo do que o sistema econômico que temos na América Latina. Mas ainda penso que o capitalismo é um sistema imoral"[1].

Por que essa situação persiste? Por que é tão comum aos homens de negócios escutarem de um líder religioso nada mais do

---

[1] NOVAK, Michael. *This Hemisphere of Liberty: A Philosophy of the Americas*. Washington: American Enterprise Institute Press, 1990. p. 90.

que "para se redimir, doe-nos seu dinheiro"? Por que muitos dos que formam a consciência moral de nosso mundo não captam nem os fundamentos morais, nem os princípios básicos do mercado? Um motivo óbvio para essa ignorância é a assombrosa falta de qualquer treino em Economia em quase todos os seminários. É raro encontrar um único seminário que explique os princípios econômicos fundamentais, o complicado mundo das bolsas de valores ou da dinâmica microeconômica. Historicamente, na maioria dos cursos de Ética Social, os seminaristas foram acostumados a ouvir os *slogans* vazios dos proponentes da Teologia da Libertação que acreditavam que as nações desenvolvidas exploravam as nações menos desenvolvidas, mantendo-as, assim, em perpétuo estado de pobreza[2]. Geralmente, argumentos propostos por teólogos que tinham pouco entendimento de Economia.

---

2 Segundo Gregory Baum, então professor de Teologia e estudos religiosos no Saint Michael College da Universidade de Toronto:

> [...] a dependência econômica dos países latino-americanos no sistema do capitalismo corporativo, com centro na comunidade do Atlântico Norte e mais especificamente nos Estados Unidos, não só levou ao empobrecimento de grande parte da população na cidade e no campo, mas também afetou as instituições culturais e educacionais e, através delas, a consciência das pessoas em geral. (BAUM, Gregory. *The Social Imperative: Essays on the Critical Issues That Confront the Christian Churches*. New York: Paulist Press, 1979. p. 10).

Ou como escreveu a professora Rosemary Ruether da Northwest University:

> [...] somente na América Latina é que a verdadeira teologia da libertação pode ser escrita, visto que europeus e norte-americanos permanecem rodeados pelo próprio *status* de beneficiários do poder opressivo, só podem comentar sobre essa teologia estando do lado de fora. (RUETHER, Rosemary. *Liberation Theology: Human Hope Confronts Christian History and American Power*. New York: Paulist Press, 1972. p. 181.

Para uma crítica convincente sobre esses enfoques, ver: NOVAK, Michael. *Will it Liberate? Questions About Liberation Theology*. New York: Paulist Press, 1986.

CAPÍTULO 2
A LINHA DIVISÓRIA PRÁTICA ENTRE OS LÍDERES
RELIGIOSOS E EMPRESARIAIS

Além da lacuna intelectual ou acadêmica, normalmente, há uma espécie de linha divisória prática entre os líderes religiosos e empresariais quanto ao entendimento das operações do mercado. Isso ocorre porque os dois grupos costumam partir de diferentes visões de mundo e a empregar modelos diferentes nas operações diárias. Note como essas diferenças são manifestadas de modo típico. Na manhã de domingo a cesta de coleta é passada na maioria das igrejas. Na segunda-feira, as contas são pagas, as obras de caridade atendidas e os dízimos pagos às sedes das denominações. No entanto, quando a coleta não consegue cobrir as despesas, tornando difícil aos ministros pagar as contas, a maioria dos clérigos pregarão um sermão sobre a responsabilidade da administração. Na cabeça de muitos clérigos, as decisões econômicas parecem com a divisão de um bolo em partes iguais. Nessa visão, a riqueza é vista como uma entrada estática, o que significa que para alguém que tenha uma pequena fatia aumentar sua parte de bolo, outro alguém deve necessariamente receber um pedaço algo menor. A "solução moral" que emerge desse modelo econômico é a redistribuição da riqueza, o que poderia ser chamada de moralidade "Robin Hood".

Os empresários trabalham com um entendimento muito diferente do dinheiro e da riqueza. Falam em "fazer" dinheiro e não em "coletar"; de produzir riqueza, e não de redistribuí-la.

Os empresários devem considerar as necessidades, demandas e desejos dos consumidores porque a única maneira de chegar às suas necessidades de modo pacífico – sem contar com a caridade – é oferecer em troca algo de valor. Logo, essas pessoas veem o mundo do dinheiro com outra dinâmica. No entanto, ao nos referirmos ao livre mercado como algo dinâmico é fácil termos a impressão de estarmos descrevendo um lugar ou um objeto. Contudo, o mercado é na verdade um processo – uma série de escolhas feitas por pessoas que agem de modo independente e que atribuem valores monetários aos bens e serviços. Esse processo de atribuir subjetivamente determinados valores é responsável por produzir a "riqueza das nações", uma expressão que normalmente está associada ao título da obra clássica de Adam Smith (1723-1790), do século XVIII[1], mas que na verdade foi empregada pela primeira vez no Livro de Isaías (Is 60, 5)[2]. A

---

1 SMITH, Adam. *An Inquiry into the Nature and Causes of the Wealth of Nations*. Ed. R. H. Campbell and A. S. Skinner. Oxford: Oxford University Press, 1976.

2 Diz o texto do versículo: *"Essa visão tornar-te-á radiante; / teu coração palpitará e se dilatará, / porque para ti afluirão as riquezas do mar, / e a ti virão os tesouros das nações"*. [N. do T.: *Then you shall see and be radiant; / Your Heart shall thrill and rejoice. / because*

Capítulo 2 | A linha divisória prática entre os líderes religiosos e empresariais

visão criativa da Economia adotada pelos homens de negócios também se encontra ilustrada nas Escrituras.

Infelizmente, o argumento precedente poderia ser mal interpretado ao demonstrar que a religião adota, no fundo, uma mentalidade de perdas e ganhos em relação à sua missão, mas isso seria uma grave distorção. Concordo que há um papel significativo para a repartição de riquezas e recursos na prática cristã – de fato, um papel obrigatório. Com uma visão transcendental, as comunidades de fé reconhecem que alguns assuntos não podem ser tratados dentro do cálculo limitado das trocas econômicas ou avaliados somente em termos monetários. É igualmente verdade, no entanto, que para manter a credibilidade no mundo dos negócios e das finanças, o clero deve entender primeiramente o mecanismo interno da Economia de mercado, para, só então, exercer uma direção moral útil.

Mas, há outro fator, de certo modo enganador, que contribui para a hostilidade para com o capitalismo que muitas vezes encontramos nos círculos religiosos. Muitos líderes religiosos passam grande parte de suas vidas enfrentando pessoalmente a adversidade da pobreza. A pobreza nos entristece e revolta, de modo que queremos dar-lhe um fim. Esse sentimento é totalmente apropriado, para não dizer, que é uma obrigação moral dos cristãos. Entretanto, surge um problema quando esse sentimento é combinado com a ignorância econômica descrita acima. Quando isso acontece, o justo grito contra a pobreza é convertido num ódio ilegítimo contra a riqueza enquanto tal, como se essa última fosse a origem da primeira. Apesar dessa reação ser compreensível, é, sem dúvida, fruto de má

---

the abundance of the sea shall be brought to you, / the wealth of nations shall come to you. Grifos nossos].

informação e pode levar a reações exageradas. As pessoas que reagem dessa forma deixam de reconhecer que a superação da pobreza só será conseguida pela produção de riqueza e proteção à Economia livre.

CAPÍTULO 3
O JUSTO DESCONTENTAMENTO MORAL

Há uma resistência moral compreensível à imagem do empreendimento bem-sucedido se pressupormos que o motor de tal atividade é a ambição, o egoísmo, o desejo de possuir ou o orgulho. O ponto não é que alguns empresários sejam ambiciosos ou orgulhosos, mas se essas falhas de caráter são a *norma* para o sucesso daqueles negociantes. A intenção aqui não é passar por cima do fato de que há grandes tentações associadas à riqueza e ao sucesso, mas chegar a uma apreciação mais equilibrada do caráter moral dos empresários.

Por alguma razão, os críticos morais, amiúde, se concentram nos ganhos pessoais dos empresários – como se a riqueza, por si só, seja algo injusto – mas, perdem de vista os muitos riscos pessoais que recaem sobre esses indivíduos. Muito antes que os empresários vejam um retorno de sua ideia ou investimento, devem submeter tempo e propriedade a um destino ignorado. Pagam salários mesmo antes de saber se suas previsões foram acertadas. Não têm a certeza do lucro. Quando os investimentos dão lucro, normalmente, grande parte dele é reinvestida (e uma parte vai para a caridade ou para instituições religiosas). Às vezes, os empresários cometem erros de julgamento e de cálculo e seu negócio sofre uma perda financeira. A natureza da vocação é tal que os próprios empresários devem aceitar a responsabilidade por suas perdas sem deixar recair esse ônus no público. Para a pessoa com a verdadeira vocação para ser um agente econômico da mudança, ele ou ela deve permanecer vigilante, já que as condições econômicas estão sempre mudando.

Quando falha um risco econômico, os profissionais da religião devem ponderar se não é melhor encorajar do que condenar. Ou as perdas econômicas sofridas pelos capitalistas deveriam ser vistas como o que justamente merecem? Por que não fazer dessas oportunidades ocasião para demonstrar-lhes simpatia ou cuidado pastoral? *Caso ganhem ou percam, ao se colocar pessoalmente e as suas propriedades na linha de fogo, os empresários tornam o futuro um pouco mais seguro para o resto de nós.*

O que é singular na instituição da atividade empresarial é que ela não requer intervenção de terceiros seja para se estabelecer como para se manter. Não requer nenhum programa ou manual governamental. Não requer empréstimos a juros baixos, um tratamento fiscal especial ou subsídios públicos. Nem mesmo necessita de educação especializada ou de um título universitário de prestígio. A atividade empresarial é uma instituição que se desenvolve organicamente a partir da inteligência humana situada no contexto da ordem natural da liberdade. Aqueles com talento, pendor e aptidão para a criatividade econômica estão compelidos a seguir a vocação empresarial com o propósito de produzir bens e serviços, propiciando empregos.

Verdadeiramente, os inúmeros dons que os empresários oferecem à sociedade estão além de tudo o que eles ou outros possam compreender. *Os empresários são a fonte de mais bens morais e espirituais do que normalmente reconhecemos.* Esse fato, no entanto, não contradiz o papel apropriado da direção espiritual do pastor, referindo-se não somente às falhas morais, mas também às prioridades deslocadas, à negligência para com a família, à falta de atenção com o desenvolvimento espiritual devido ao excesso de trabalho. O clérigo deve recordar a todos a seriedade do pecado e chamar-lhes às virtudes, o que significa que devem, da mesma maneira, interpelar os empresários quando se desviarem. Para ser autêntica, essa direção espiritual deve estar fundamentada num entendimento daquilo que o judaísmo e o cristianismo tradicionalmente entenderam como pecado, e não em alguma ideologia econômica politicamente correta disfarçada de teologia moral.

Essa é uma transição difícil para muitos líderes religiosos, especialmente porque o arcabouço moral que herdaram para entender a produtividade econômica foi desenvolvido num mundo pré-capitalista. É uma árdua tarefa traduzir e aplicar a doutrina social cristã pré-moderna ao ambiente dinâmico de um mundo moderno, pós-agrário, pós-industrial, e agora, pós-comunista. É especialmente difícil porque, ainda que a natureza humana não mude, o contexto socioeconômico em que a natureza humana existe é radicalmente diferente daquelas culturas e sociedades onde os princípios de Teologia Moral foram inicialmente desenvolvidos[1].

---

[1] Nos dois anos que precederam seu ingresso na Igreja Católica, entre 1843 e 1845, John Henry Newman (1801-1890) escreveu sua famosa obra *An Essay on the Development of Christian Doctrine* [*Ensaio sobre o Desenvolvimento da Doutrina Cristã*]. Infelizmente, tanto naquela época como agora, é muito comum que católicos bem-intencionados e fiéis associem os crescentes autoconhecimento e maturidade na fé à visão de mundo relativista. É verdade que alguns teólogos estão no risco de cair no relativismo, todavia, argumentar, como alguns o fazem, de que qualquer emenda doutrinária irá necessariamente levar ao relativismo é falso. No caso do cardeal Newman, o principal objetivo de seu ensaio era examinar as principais diferenças entre a corrupção e o desenvolvimento da doutrina. No ensaio, insiste que uma ideia verdadeira e fértil é agraciada com uma certa energia vital e assimilativa própria, que, sem experimentar uma mudança substantiva, atinge uma expressão mais completa ao encontrar novos aspectos da verdade ou colidir com novos erros ao longo do tempo. Assim o cardeal Newman emprega uma metáfora orgânica para descrever como as ideias doutrinárias se desenvolvem no decorrer do tempo por intermédio das novas experiências eclesiais, das descobertas e das revelações. Para sustentar essa argumentação, oferece uma série de provas para distinguir o verdadeiro desenvolvimento da corrupção, sendo a principal delas a preservação do tipo e continuidade dos princípios. É importante compreender, portanto, que a essência da doutrina – tanto na forma recente como na antiga – estava contida na revelação original dada para a Igreja por Cristo e pelos apóstolos e garantida por seu Magistério. Ver: NEWMAN, John Henry. *An Essay on the Development of Christian Doctrine*. London: J. Toovey, 1845.

CAPÍTULO 4
EMPRESÁRIOS E ECONOMISTAS:
DISPUTA DE FAMÍLIA OU RIVALIDADE ENTRE IRMÃOS?

A teoria econômica há muito tempo tem tido dificuldade em chegar a um acordo com a natureza da atividade empresarial, provavelmente porque ela não se enquadra muito bem em equações econométricas e gráficos que descrevem a economia como uma grande máquina. A atividade empresarial é um empreendimento demasiado humano para ser entendido tão somente pela ciência. É nesse ponto que a religião pode ser de grande ajuda ao reconciliar tais pessoas com a vida da fé. Os líderes religiosos devem buscar entender os empresários e encorajá-los a usar os dons dentro do contexto da fé. É claro que com a riqueza vem a responsabilidade, e o papa João Paulo II insiste que até mesmo a decisão de investir tem uma dimensão moral inescapável[1].

---

[1] JOÃO PAULO II, Papa. *Carta Encíclica* Centesimus Annus: *Sobre o Centenário da*

Assim, os empresários, ao correrem riscos, servindo ao público e expandindo o bolo econômico para todos, podem ser contados dentre os maiores homens e mulheres de fé na Igreja.

Rerum Novarum. São Paulo: Paulinas, 3ª Edição, 1991. (Coleção "A Voz do papa", Volume 126). §29, §32.

CAPÍTULO 5
Capitalistas Anticapitalistas

Ainda mais desconcertante que o preconceito anticapitalista entre o clero é o preconceito que encontramos entre os próprios capitalistas. Nas tentativas desencaminhadas de alcançar um alto nível de "responsabilidade social" para suas empresas, alguns líderes empresariais sucumbiram às falsas visões do mercado. Ao mesmo tempo em que criavam riqueza para a sociedade com seus negócios de sucesso, simultaneamente apoiavam causas antitéticas ao crescimento econômico, à livre-iniciativa e à liberdade humana. Por que a retórica da "responsabilidade social corporativa" parece estar impregnada de preconceito anticapitalista? Em meados da década de noventa do século passado tornou-se cada vez mais aparente que os principais executivos de sucesso estavam usando suas corporações para custear causas politicamente intervencionistas sob a rubrica de responsabilidade social corporativa. Podemos ver esse fenômeno especialmente nos casos da Patagonia, dos sorvetes Ben & Jerry's e da cadeia de cosméticos The Body Shop.

Yvon Chouinard é o fundador da *Patagonia*, uma confecção de roupas esportivas muito bem-sucedida. Chouinard disse ao jornal *Los Angeles Times* que ele poderia *"sentar-se frente a frente com o presidente de qualquer companhia, a qualquer tempo e em qualquer lugar e convencê-lo de que o crescimento é mau"*. Suas palavras, de fato, coincidem com as ações. Em 1991, a companhia enviou uma carta aos revendedores anunciando que estava *"reduzindo o crescimento da produção nacional"* por motivos econômicos e morais. *"Tomamos uma postura pública em favor de um consumo mais racional para beneficiar o meio ambiente"* dizia o texto. Entretanto, como relata o repórter do *Los Angeles Times*, Kenneth Bodenstein, a situação de 1991 foi muito diferente das declarações públicas de Chouinard. Parecia que a *Patagonia* não tinha *"reduzindo o crescimento da produção nacional"* para manter um alto padrão de responsabilidade social. *"A companhia, na verdade, tinha demitido trinta por cento dos empregados não porque estivesse com problemas financeiros, mas porque a fortuna pessoal de Chouinard estava sendo ameaçada"*. De um modo interessante, na avaliação de Bodenstein, a situação da *Patagonia* foi resultante de decisões econômicas mal informadas já que Chouinard *"se cercou de gerentes com muito pouca experiência"*[1].

A *Patagonia* é, de fato, uma companhia atípica. Chouinard doa 1% (um por cento) do total das vendas da *Patagonia* para grupos ambientalistas, incluindo o grupo *Earth First*, uma

---

1 BODENSTEIN, Kenneth. "Pure Profit: For Small Companies That Stress Social Values As Much As the Bottom Line, Growing Up Hasn't Been na Easy Task". In: *Los Angeles Times Magazine*, (February 5, 1995): 4.

organização que ganhou notoriedade por sabotar máquinas de madeireiras e infringir direitos de propriedade privada. A *Patagonia* também apoia grupos de planejamento familiar baseando-se em que um aumento da população ameaça o futuro bem-estar do planeta. Chouinard deseja que sua empresa seja um exemplo moral reluzente para o mundo corporativo. *"Se pudermos demonstrar o propósito radical de nossa iniciativa e mostrar que para nós funciona, as companhias mais conservadoras irão dar o primeiro passo. E, um dia, irão se tornar boas empresas também"*, comenta com certo sarcasmo.

Os empresários de sorvetes Ben Cohen e Jerry Greenfield, famosos como *Ben & Jerry*, apesar de muitíssimo bem-sucedidos, promovem pesados controles ambientais e advogam que se deem maiores direitos na esfera pública aos beneficiários de programas sociais. Cohen e Greenfield têm sido os líderes no movimento de restringir a produção do hormônio do crescimento bovino, uma droga que, quando injetada nas vacas pode aumentar a produção de leite em quinze por cento. Eles se opõem à droga baseados em razões econômicas porque acreditam que é uma ameaça aos produtores de leite de menor escala. No entanto, o hormônio, que foi aprovado pelo departamento norte-americano de alimentos e drogas em 4 de agosto de 1997, também reduziria o preço do leite, algo particularmente benéfico às famílias pobres, para não dizer aos produtores de sorvete.

The Body Shop, a cadeia de cosméticos com inclinações naturalistas, tem sido uma declarada defensora dos direitos dos animais e de outras causas de esquerda. A fundadora e gerente geral da empresa, Anita Roddick (1942-2007) foi uma autoproclamada pregadora para o mundo corporativo, que repreendia os empresários que "não estão fazendo a sua parte". *"Não falo para pessoas que só estão buscando seu sustento (...). Falo para pessoas que têm lucros muito, muito altos"*, disse ao *Arizona Republic*. *"Vocês sabem, esses CEOs cujos pacotes compensatórios são maiores que o PIB de alguns países africanos"*[2].

Há inúmeras empresas geridas por ex-radicais dos anos sessenta que tentam reconciliar seus negócios de sucesso com os valores de sua juventude. Todos eles, até mesmo as pessoas do mundo dos negócios, têm o direito de advogar uma determinada causa, como todos os clientes têm o direito de não custear essas causas ao boicotar tais produtos. O padrão desses empresários, todavia, demonstra uma incoerência interna e sugere uma intenção de fazer penitência pelos "pecados" capitalistas, que na verdade, não são pecados.

Esses capitalistas penitentes castigam os negócios que não dão suficiente retorno para a sociedade. Um senso de culpa deslocado turvou o entendimento desses empresários e não os deixa ver como os próprios negócios beneficiam a sociedade, independentemente do ativismo social. A *Patagonia* produz bens esportivos de alta qualidade. *Ben & Jerry* servem um sorvete de qualidade superior aos demais. O *The Body Shop* vende cosméticos naturais e baratos. Todas essas companhias trazem satisfação a milhões de pessoas e proporcionam bons produtos, bem como oportunidades de emprego e investimentos. O sucesso mercadológico não precisa – e não deve – ser justificado pelo apoio às causas contra o mercado.

Algum cínico poderia sugerir que essas posturas não são nada mais que um truque de mercado. Altos executivos socialmente conscientes como Chouinard, Cohen, Greenfield e Roddick têm empacotado o idealismo dos anos sessenta e o

---

[2] SNYDER, Jodie. "Social Awareness: Corporate América Cultivates Conscience". *In: Arizona Republic*, (May 12, 1994): 6.

vendem em troca de lucro. Quando compramos meio litro de sorvete *Rain Forest Crunch* do *Ben & Jerry*, você pode sentir-se bem ao saber que está ajudando a salvar o que se chamava "a selva". Os *slogans* políticos de esquerda que adornam as lojas franqueadas do *The Body Shop* são parte da imagem dos cosméticos para jovens "socialmente conscientes". Tais empresas como a *Patagonia, Ben & Jerry* e o *The Body Shop* vendem, também, um senso de superioridade moral. Esses empresários, ao usar *slogans* politicamente corretos nas suas propagandas, podem acreditar que, apesar do sucesso material, estão dando em troca algo ao mundo. Contudo, suas campanhas de "responsabilidade social" normalmente se tornam uma receita irresponsável para a ruína econômica.

Essas empresas, e outras como elas, certamente lucram da associação com causas de esquerda. Nesse meio tempo, os contribuintes sofrem com a defesa de rigorosos controles ambientais, restrições sobre hormônios de crescimento já aprovados pelo FDA, e atitudes permissivas com relação à conduta sexual. E, os que desejam ingressar para a atividade empresarial estão inibidos por novos regulamentos ambientais e programas de bem-estar social. Podemos elogiar os empreendimentos quando apoiam causas caritativas que elevam as pessoas e as tiram da pobreza, ou que compra territórios para preservação ambiental, ou que busca a cura para doenças; *causas legítimas não impedem o mercado nem promovem ações governamentais mal concebidas para resolver problemas sociais.*

No entanto, o capitalismo não precisa de mais esquerdistas cheios de culpa que açoitem a si mesmos e açoitem os outros por fazer dinheiro. Ao contrário, o capitalismo precisa de mais pessoas de negócios que compreendam que a maior contribuição que podem dar é lucrar, aumentar a oferta de empregos, incrementar os investimentos, alavancar a prosperidade e, fazer isso de forma tal que promova uma cultura integral, estável e virtuosa. *A resposta moral apropriada ao sucesso capitalista tanto é louvar ao Criador que deu o mundo material como um dom para todos, como também é apoiar o sistema econômico que permite o aparecimento da prosperidade.* Em vez de fazer penitências desnecessárias, os empresários, tais como Chouinard, Cohen, Greenfield e Roddick deveriam estudar Teoria Econômica Básica, sem mencionar o mínimo de Teologia Moral.

CAPÍTULO 6
TEOLOGIA DO DOMÍNIO E IDEOLOGIA ECONÔMICA

Até agora discorremos sobre o ramo aberrante do pensamento teológico, que podemos chamar de ramo "riqueza-é-má", seguido por tantos clérigos e até mesmo por empresários. No entanto, há um segundo ramo que surge da mesma raiz, mas que tem uma abordagem oposta. Essa postura pode ser vista naquilo que chamamos *Teologia do Domínio* ou *Reconstrução Cristã*[1]. Em resposta à Teologia da Libertação e à esquerda evangélica, teólogos do domínio insistem não só na Bíblia como o projeto para estruturar todos os aspectos da sociedade, mas também no fato de que os cristãos, ao obter um conhecimento mais completo da Bíblia, irão,

---

[1] Os representantes principais da Teologia do Domínio são: Gary North, Rousas J. Rushdoony (1916-2001), Greg Bahnsen (1948-1995), David Chilton (1951-1997), Rodney Clapp e Gary DeMar.

progressivamente, dominando a sociedade, que finalmente irá se conduzir para o Reino de Deus. De acordo com essa teoria, os cristãos irão alcançar o domínio global, portanto, ao adotar voluntariamente o projeto econômico e sociológico esboçado nas Escrituras. O teonomista Gary North argumenta que a aplicação desses princípios ao longo do tempo naturalmente fará os cristãos ricos, permitindo-lhes procriar de maneira eficiente e profilática[2]. Assim, uma vez que os cristãos se tornem mais e mais ricos, numerosos e poderosos, irão assumir o controle da sociedade. Há uma correlação natural, nos parece, entre a racionalização teonomista do enriquecimento pessoal e o assim chamado "evangelho da prosperidade", popular no neo-pentecostalismo. Os proponentes do "evangelho da prosperidade", também conhecido como "evangelho da saúde e da riqueza", acreditam que Deus quer que todos os cristãos sejam saudáveis e ricos e que há certas "leis da prosperidade" que, quando aplicadas corretamente, irão inevitavelmente produzir esses resultados[3]. Aqueles que têm esse ponto de vista não só consideram a riqueza como um sinal da benção de Deus, mas também como insinuam que as dificuldades econômicas são resultado do pecado. Craig Gay assinala como a teologia do domínio e o "evangelho da prosperidade" coincidem:

> Logo, num certo sentido, a teologia do domínio vai alguns passos adiante da posição da teologia da saúde e da riqueza, ao sugerir que as aspirações individuais à riqueza cabem num arcabouço escatológico que as legitima. Da perspectiva do

---

2 NORTH, Gary. *Liberating Planet Earth: An Introduction to Biblical Bluepoints*. Forth Worth: Domination Press, 1987. p. 81.

3 Ver: BARTON, Bruce. *The Health and Wealth Gospel*. Downers Grove: InterVarsity Press, 1987.

reconstrucionismo cristão, a falha dos cristãos ao se tornarem ricos não é simplesmente uma indicação de falta de fé, mas, na verdade, ela adia a vinda do Reino de Deus[4].

Ainda que os teólogos da dominação afirmem corretamente a importância do livre-mercado, eles também sustentam uma visão não-bíblica e desequilibrada do mandato cultural, da teologia da criação, da escatologia e do reino de Cristo. Os excessos de tal teologia podem ser refreados caso os partidários, tanto da esquerda como da direita, consultassem (com mais frequência) a história do pensamento cristão como guia nesses assuntos.

---

4 GAY, Craig M. *With Liberty and Justice for Whom?: The Recent Evangelical Debate Over Capitalism*. Grand Rapids: Eerdmans, 1991. p. 103, nota de rodapé 191. Para uma exposição aguda e crítica da Teologia do Domínio ver as páginas 101 a 109.

CAPÍTULO 7
Empreendedorismo como Vocação Espiritual

Implicitamente e, às vezes, explicitamente, os paroquianos fiéis acreditam que o único chamado verdadeiro é para alguma espécie de trabalho paroquial de dedicação integral. Nessa visão, os leigos não têm realmente uma vocação, apesar de fazerem o melhor que podem nas determinadas circunstâncias. Em 1891, o Direito Canônico oferecia uma definição simples, porém devastadora, do leigo: *"Leigo: aquele que não é do clero"*[1]. Desde então, especialmente sob influência do Concílio Vaticano II, surgiu uma visão mais positiva, uma visão que sonda as profundezas dos objetivos missionários de Deus tanto dentro como fora da Igreja[2].

---

[1] Veja: CONGAR OP, Yves. "The Laity". In: *Vatican II: An Interfaith Appraisal*. Notre Dame: University of Notre Dame Press, 1966. p. 240.

[2] Na constituição pastoral *Gaudium et Spes*, sobre a Igreja no mundo contemporâneo,

Ver o dom da habilidade para os negócios de uma forma alternativa, no entanto, nos permite captar seu potencial moral e espiritual. Um empresário é aquele que liga o capital, o trabalho e os fatores materiais para produzir um bem ou serviço. Michael Novak argumentou que a criatividade do empresário é similar a atividade criativa de Deus no primeiro capítulo do livro do Gênesis. Nesse sentido, o empresário participa do mandato cultural original, dado por Deus a Adão e Eva, para subjugar a Terra[3]. A vocação empresarial é um chamado sagrado semelhante ao de ser pai, mesmo se não for tão sublime.

Por vários anos, participei em programas para ensinar aos seminaristas a importância da economia livre e das responsabilidades do empresariado. Para muitos desses alunos as ideias apresentadas levaram à experiência de abrir os olhos. Os alunos

---

promulgada em 7 de dezembro de 1965, o Concílio Vaticano II apresenta um entendimento muito mais positivo do papel dos leigos. No parágrafo 43, diz:

A exemplo de Cristo que exerceu um mister de operário, alegram-se antes os cristãos por poderem exercer todas as suas atividades terrenas unindo numa síntese vital todos os seus esforços humanos, domésticos, profissionais, científicos ou técnicos com os valores religiosos, subordinado aos quais tudo se ordena para a glória de Deus. As tarefas e atividades seculares competem como próprias, embora não exclusivamente, aos leigos. Por esta razão, sempre que, sós ou associados, atuam como cidadãos do mundo, não devem só respeitar as leis próprias de cada domínio, mas procurarão alcançar neles uma real competência. [...]. Compete à sua consciência, previamente bem formada, imprimir a lei divina na vida da cidade terrestre. Dos sacerdotes, esperam os leigos a luz e força espiritual. Mas não pensem que os seus pastores estão sempre de tal modo preparados que tenham uma solução pronta, para qualquer questão, mesmo grave, que surja, ou que tal é a sua missão. Antes, esclarecidos pela sabedoria cristã, e atendendo à doutrina do magistério, tomem por si mesmos as próprias responsabilidades [...]. Os leigos, que devem tomar parte ativa em toda a vida da Igreja, não devem apenas impregnar o mundo com o espírito cristão, mas são também chamados a serem testemunhas de Cristo, em todas as circunstâncias, no seio da comunidade humana.

3 NOVAK, Michael. *The Spirit of Democratic Capitalism*. New York: Simon and Schuster, 1982. p. 98.

descobrem que o sistema de livre mercado diz respeito à criação de riquezas, diz respeito a encontrar um meio mais eficiente de servir aos outros e como dar emprego e oportunidades de investimento às pessoas. Descobrem que o cisma que separa a prosperidade da moralidade não é mais insuperável.

Nesses cursos, quase sempre menciono o excepcional livro de George Gilder chamado *Wealth and Poverty*[4] [*Riqueza e Pobreza*]. Alguém pode até mesmo argumentar que Gilder é uma espécie de empresário intelectual. Isso porque o livro *Wealth and Poverty* foi tido como a força intelectual por detrás da "revolução da oferta" (*supply-side revolution*) dos anos oitenta do século XX que forçou os economistas e criadores de políticas públicas a considerar, pela primeira vez, como as políticas governamentais, especialmente na área dos tributos, afeta as escolhas humanas. A popularidade desse livro ilustra bem como alguém de fora do mundo acadêmico pode exercer uma tremenda influência sobre a vida econômica norte-americana. No meu ponto de vista, entretanto, Gilder fez algo muito mais importante ao insistir que *empreender é uma profissão moralmente legítima*.

Gilder vê os empreendedores como parte do mais mal--entendido e mal interpretado grupo social. Como visionários com instintos práticos, os empresários combinam as virtudes clássicas e cristãs para atingir seus próprios interesses e os interesses da sociedade. Gilder crê ser um erro associar capitalismo à ganância – uma associação com o altruísmo seria bem mais precisa[5]. Quando as pessoas aceitam o desafio de uma vocação empresarial, implicitamente, decidiram ir de encontro

---

4 GILDER, George. *Wealth and Poverty*. San Francisco: ICS Press, 1993.
5 Idem. *Ibidem*, p. 21, p. 24.

às necessidades dos outros por intermédio dos bens e serviços que produzirem. Se os investimentos dos empresários devem dar como retorno o lucro, os empresários têm de ser "dirigidos a outrem". *Em última análise, as pessoas de negócio numa economia de mercado simplesmente não podem ser centradas em si mesmas e bem-sucedidas ao mesmo tempo*[6].

O último capítulo de *Wealth and Poverty* talvez seja o menos lido, mas o mais importante de todo o livro. Nesta parte da obra Gilder apresenta a teoria do empreendedorismo como um ato de fé, um ato religioso inescapável[7]. Ao fundir a tradicional moralidade cristã com a celebração do crescimento e da mudança, nos ajuda a discernir como o conhecimento e a descoberta são elementos essenciais do empreender.

Muito antes da publicação do livro de Gilder, toda uma escola da Economia tinha crescido em torno da visão do empreendedorismo de Joseph A. Schumpeter (1883-1950). De acordo com Schumpeter, era o empreendedorismo – muito mais do que qualquer outra instituição econômica – que evitava o torpor econômico e tecnológico de retardar o crescimento econômico. Ele acreditava que a função do empresário era:

> Reformar ou revolucionar o padrão de produção ao explorar uma invenção, ou de modo mais general, uma possibilidade tecnológica nunca experimentada com vistas a produzir uma nova espécie de bem ou produzir uma antiga forma de modo novo, ao abrir uma nova fonte de oferta de materiais ou uma nova saída para os produtos, ao reorganizar uma indústria e assim por diante[8].

---

6 Idem. *Ibidem*, p. 28.
7 Idem. *Ibidem*, p. 276-80.
8 SCHUMPETER, Joseph A. *Capitalism, Socialism, and Democracy*. New York: Harper and Brothers Publisher, 3rd Edition, 1950. p. 132.

Capítulo 7 | Empreendedorismo como Vocação Espiritual

Os empresários, como agentes de mudança, encorajam a economia a se ajustar aos aumentos populacionais, à transferência de recursos e às mudanças das necessidades e desejos dos consumidores. Sem os empresários, nos depararíamos com um mundo econômico estático não muito diferente dos pântanos de estagnação econômica que o socialismo produziu na Europa central.

A análise econômica que tem por base o trabalho de Schumpeter nos ensinou que os empreendedores são *impresarios*, visionários que organizam numerosos fatores, assumem riscos e combinam recursos para criar algo maior do que a soma das partes[9]. Os empresários levam a economia a antecipar os desejos do público e criar novas formas de organizar os recursos. Em suma, são homens e mulheres que criam empregos, descobrem e aplicam novas formas de cura, dão alimento para aqueles que precisam e ajudam os sonhos a se tornarem realidades.

---

[9] Schumpeter dá seguinte descrição acertada do empresário:

> Agir com confiança além dos sinais conhecidos e vencer [...] a resistência requer aptidões que estão presentes somente numa pequena fração da população e isso define o tipo empresarial, bem como a função empresarial. (Idem. *Ibidem*. p. 132).

CAPÍTULO 8
Argumento Bíblico a favor do Empreendedorismo

Aqueles que consideram a vocação empresarial um mal necessário, que veem os lucros de modo abertamente hostil, deveriam perceber que as Escrituras nos dão um amplo apoio para as atividades empresariais. A Bíblia nos ensina as verdades eternas, mas também nos dá lições surpreendentemente práticas de assuntos mundanos. Na passagem de Mateus (*Mt* 25, 14-30), encontramos a Parábola dos Talentos contada por Jesus. Como em todas as parábolas seu significado se dá em múltiplos níveis de compreensão. O significado eterno dessa parábola nos diz algo sobre como usamos os dons da graça de Deus. Com relação ao mundo material, essa é uma história sobre capital, investimento, empreendedorismo e o uso apropriado dos recursos econômicos. É uma réplica direta àqueles que insistem que o sucesso nos negócios e a vida cristã são contraditórios. A seguir apresentamos o texto da parábola[10*] com comentários que aplicam os princípios da parábola à vocação empresarial.

Pois será como o homem que, viajando para o estrangeiro, chamou seus próprios servos e entregou-lhes os seus bens. A um deu cinco talentos, a outros dois, a outro um. A cada um de acordo com sua capacidade. E partiu. Imediatamente, o que recebeu cinco talentos saiu a trabalhar com eles e ganhou outros cinco. Da mesma maneira, o que recebera dois ganhou outros dois. Mas aquele que recebera um só tomou-o e foi abrir uma cova no chão. E enterrou o dinheiro do seu senhor. Depois de muito tempo, o senhor daqueles servos voltou e pôs-se a ajustar contas com eles. Chegando aquele que recebera cinco talentos, entregou-lhes outros cinco, dizendo: "Senhor, tu me confiaste cinco talentos. Aqui estão os outros cinco que ganhei". Disse-lhe o senhor: "Muito bem, servo bom e fiel! Sobre o pouco foste fiel, sobre o muito te colocarei. Vem alegrar-te com o teu senhor!" Chegando também o dos dois talentos, disse: "Senhor, tu me confiaste dois talentos. Aqui estão os outros dois que ganhei". Disse-lhe o senhor: "Muito bem, servo bom e fiel! Sobre o pouco foste fiel, sobre o muito te colocarei. Vem alegrar-te com o teu senhor!" Por fim, chegando o que recebera um talento, disse: "Senhor, eu sabia que és um homem severo, que colhes onde não semeaste e ajuntas onde não espalhaste. Assim, amedrontado, fui enterrar o teu talento no chão. Aqui tens o que é teu". A isso respondeu-lhe o senhor: "Servo mau e preguiçoso, sabias que eu colho onde não semeei e que ajunto onde não espalhei? Pois

---

10* Para as citações bíblicas, optamos pela utilização da versão da BÍBLIA DE JERUSALÉM. Tradução do texto em língua portuguesa diretamente dos originais. São Paulo: Sociedade Bíblica Católica Internacional / Paulus, 1995. [N. T.]

então devias ter depositado o meu dinheiro com os banqueiros e, ao voltar, eu receberia com juros o que é meu. Tirai-lhe o talento que tem e dai-o àquele que tem dez, porque a todo aquele que tem será dado e terá em abundância, mas daquele que não tem, até o que tem lhe será tirado. Quanto ao servo inútil, lançai-o fora nas trevas. Ali haverá choro e ranger de dentes!"

Essa é uma história que muitos líderes religiosos quase sempre não aplicam à vida real. Quando as pessoas pensam nas parábolas de Jesus, a Parábola dos Talentos normalmente não é a primeira que vem à mente. Talvez isso seja porque a maioria dos líderes religiosos está ligada a uma ética onde o lucro é visto com suspeita e se faz cara feia para a atividade empresarial. Assim, a história acima oferece um significado ético aparentemente imediato, sem mencionar lições ainda mais profundas de responsabilidade econômica e de administração apropriada.

A palavra "talento" nessa parábola tem dois significados. Primeiro, o de uma unidade monetária, talvez a maior unidade monetária da época de Jesus. Os editores da New Bible Commentary concordam que um talento era uma enorme quantia em dinheiro; em termos modernos seria o equivalente a vários milhares de dólares[11]. Portanto, sabemos que o montante dado a cada servo era uma quantia considerável. Segundo, interpretado de forma mais ampla, a palavra talento refere-se a todos os vários dons dados a nós para cultivar e multiplicar. Essa definição abraça todos os dons, até mesmo nossas habilidades naturais e recursos, bem como nossa saúde, educação, posses, dinheiro e oportunidades.

---

11 WENHAM, G. J.; MOTYER, J. A.; CARSON, D. A. & FRANCE, R. T. (Ed.). *New Bible Commentary: Twenty-First century Edition*. Downers grove: InterVarsity Press, 1997. p. 938.

Não pretendo construir todo um edifício ético para o capitalismo com base nessa parábola. Fazê-lo seria cometer um notório erro exegético e histórico, semelhante ao cometido pelos teólogos da libertação e do domínio. Assim, *uma das lições mais simples dessa parábola tem relação com o "como" usamos nossas capacidades e recursos.* Essa lição, creio, deve ser parte de uma ética que guie a atividade econômica e os tomadores de decisão no mercado. Num determinado nível, do mesmo modo que o senhor espera atividade produtiva de seus servos, Deus quer que usemos nossos talentos para fins construtivos. Vemos aqui que, ao preparar-se para viajar, o senhor permite aos servos decidir sobre a melhor maneira de investir. Nesse aspecto, têm plena liberdade. De fato, o senhor nem mesmo os ordena a investir de modo a que gere lucro; ao contrário, somente presume a boa vontade e o interesse em sua propriedade. Dada essa confiança implícita, é fácil entender o desgosto do senhor com o servo que não lhe trouxe lucro. Não é tanto a falta de produtividade que ofendeu o senhor, mas a atitude subjacente que o servo demonstra para com o seu senhor e a sua propriedade. Poderíamos imaginar o raciocínio do servo: *"É só deixar passar o tempo. Vou pôr esse talento fora de circulação de modo que não tenha de lidar com ele, monitorá-lo ou ser responsável por ele".* Um estudioso da Bíblia, Leopold Fonck (1865-1930) observa: *"Não é somente o mau uso dos bens recebidos que faz o beneficiário culpado aos olhos de Deus, mas também a falta de uso"*[12]. O senhor convidou a cada um dos servos diligentes a alegrarem-se com o próprio senhor, uma vez que se mostraram produtivos. Foram

---

12 FONCK, Leopold. *The Parables of the Gospel: An Exegetical and Pratical Explanation.* Ed. George O'Neill; Trad. E. Leahy. New York: F. Puster, 3rd Edition, 1914. p. 542.

Capítulo 8 | Argumento Bíblico a favor do Empreendedorismo

belamente recompensados; de fato, o senhor deu o único talento do servo preguiçoso àquele a quem já havia dado dez.

A Parábola dos Talentos, no entanto, pressupõe uma compreensão circunstancial da própria administração do dinheiro. De acordo com a lei rabínica, o ato de enterrar era visto como a melhor segurança contra roubo. Se uma pessoa a quem foi confiada uma certa quantia de dinheiro o enterrasse tão logo o recebesse, isso faria com que estivesse livre de responsabilidade por qualquer coisa que acontecesse ao dinheiro. Para o dinheiro somente envolto num pano, o oposto era verdade. Nesse caso, a pessoa era responsável por cobrir qualquer perda ocorrida devido à natureza irresponsável do depósito[13]. Assim, na Parábola dos Talentos, o senhor estimula a tomada razoável de riscos. Considera o ato de enterrar os talentos – e, portanto, eliminar as perdas – algo tolo, pois acredita que o capital deva receber uma taxa de retorno razoável. Nesse entendimento, tempo é dinheiro (uma outra forma de compreender os juros).

Uma segunda lição crítica dessa parábola é a seguinte: *Não é imoral tirar lucro de nossos recursos, engenho e trabalhos.* Apesar de escrever para um público completamente diferente e num outro contexto, o economista austríaco Israel Kirzner

---

13 Segundo o ensinamento do rabino Gemara:

Samuel disse: o dinheiro só pode ser guardado [ao colocá-lo] na terra. Disse Raba: "Assim Samuel admite que na véspera do *Sabbath*, ao cair da noite, os rabinos não deram essa tarefa a ninguém". Portanto, se ele [Samuel] adiou o término do *Sabbath* por um bom tempo – tempo suficiente para enterrar o dinheiro e não o fez, ele é responsável [caso seja roubado]. (*The Babylonian Talmud (Seder Nezikin) – Volume 1: Baba Metzia.* Trad. H. Freedman. New York: Rebecca Bennet Publications Inc., 1959. p. 250-51).

Ver também a seção seguinte (p. 254-59) para uma discussão mais detalhada sobre a obrigação em torno do depósito de dinheiro com um oficial intendente, um indivíduo privado ou com terceiros.

emprega o conceito de "alerta empresarial" para demonstrar o significado de se dever cultivar a habilidade natural, o tempo e os recursos. Tendo por base a obra de Ludwig von Mises (1881-1973), Kirzner reconhece que ao buscar novas oportunidades e se engajar numa atividade dirigida a um determinado fim, os empresários lutam:

[...] Para perseguir objetivos de modo eficiente, uma vez que os fins e os meios estejam claramente identificados, mas também com a direção e o alerta necessários para identificar para quais fins lutar e quais os meios disponíveis[14].

Sem exagerar na semelhança entre o conceito de Kirzner e a Parábola dos Talentos, parece haver uma ligação natural semelhante entre a descoberta de oportunidades empresariais e a advertência do senhor (e do *Senhor*) no capítulo 25 de Mateus para que fossem vigilantes quanto ao seu retorno e cuidadosos com sua propriedade. Assim, em relação ao lucro, a única alternativa era a perda, que no caso do terceiro servo, constitui má administração[15]. Entretanto, a renúncia voluntária da riqueza,

---

14 KIRZNER, Israel. *Competition and Entrepreneurship*. Chicago: University of Chicago Press, 1973. p. 33.

15 Kirzner ressalta que as respostas empresariais às mudanças de informação não devem ser entendidas como um processo de cálculo. Ao contrário, a dimensão empresarial interessa-se por aquele elemento de uma decisão que envolve *"uma avaliação sagaz e sábia das realidades (tanto presentes quanto futuras) dentro do contexto no qual a decisão deva ser tomada"*. *Discovery and the Capitalist Process*. Chicago: University of Chicago Press, 1985. P. 17. Samuel Gregg faz um comentário incisivo sobre essa afirmação de Kirzner:

Avaliação é a palavra-chave aqui. Ressalta a realidade de que, consequentemente, as ações de cada pessoa acontecem e contribuem para um contexto de incerteza. Pois, se não houvesse nenhuma incerteza, a tomada de decisões exigiria meramente o cálculo preciso de fatos e opções, em qualquer caso, os seres humanos não seriam nada mais que robôs. A realidade é, no entanto, que não importa quão

tal como acontece na doação de esmolas ou, na modalidade mais radical, na renúncia do direito de propriedade (como no tradicional voto de pobreza feito por membros de ordens religiosas)[16], não deveria ser confundido com perda econômica. No primeiro caso, um bem legítimo é abandonado para ser trocado por outro para o qual alguém foi chamado de modo único. No último caso, falhar deliberadamente num empreendimento econômico, ou fazê-lo de tal forma que seja resultado de desídia, é demonstrar desrespeito pelo dom de Deus e pela própria responsabilidade como administrador.

Todavia, devemos distinguir de modo apropriado, por um lado, a obrigação moral de ser economicamente criativo e produtivo, e por outro lado, o emprego dos talentos e recursos que cada um possui com prudência e magnanimidade. Depreende-se claramente de nossa exposição da Parábola dos Talentos e do mandato cultural de subjugar a Terra do capítulo 1 do Gênesis, de que as pessoas necessitam estar atentas às possibilidades de mudança, desenvolvimento e investimento.

---

acurados sejam os cálculos, uma decisão será fraca se seu componente empresarial especulativo envolver um julgamento fraco. (GREGG, Samuel. "The Rediscovery of Entrepreneurship: Developments in the Catholic Tradition". *In: Christianity and Entrepreneurship: Protestant and Catholic Thoughts*. Australia: Center for Independent Studies, 1999).

16 Os monastérios foram originalmente concebidos para ser um refúgio das preocupações mundanas e um lugar onde os assuntos espirituais dominassem a vida diária. Os monastérios medievais eram regulados por uma constituição ou um conjunto de regras internas, que, dentre outras coisas, requeria que os votos de castidade, pobreza e obediência fossem feitos pelos monges. Uma das constituições mais conhecidas era a Regra de São Bento, que era aplicável tanto aos Beneditinos quanto à Ordem dos Cistercienses. Essa regra estabelecia orientações específicas que controlavam a organização e operação dos monastérios, bem como, regulava as atividades diárias dos monges. Para uma recente tradução com excelente introdução e notas explanatórias, ver: *The Rule of Saint Benedict*. Trad. Anthony C. Meisel and M.L. del Mastro. Garden City: Image Books, 1975.

Ademais, porque os humanos são criados à imagem de Deus e foram agraciados com a razão e o livre-arbítrio, as ações humanas necessariamente envolvem uma dimensão criativa. Assim, no caso do terceiro servo que enterrou o único talento, a não utilização da capacidade de permanecer alerta às possibilidades futuras – que impossibilitava qualquer retorno produtivo sobre o dinheiro de seu senhor – foi o que o levou a ser severamente castigado.

Talvez não haja uma ilustração mais clara de como empregar prudentemente os talentos e recursos para o bem de todos do que a dos monges cistercienses dos monastérios medievais. Ao passo que os monastérios eram governados por uma constituição religiosa que dividia o dia de cada monge em segmentos dedicados à oração, contemplação, adoração e trabalho, a quantidade de tempo disponível para ser gasta em atividades produtivas era rigorosamente controlada. Esse constrangimento, juntamente com a típica ênfase monástica na autossuficiência, motivou os monastérios a desenvolver técnicas de produção rural mais eficientes, que proporcionavam um incentivo natural para o desenvolvimento tecnológico. Além da utilização precursora e frequente de moinhos, os monges cistercienses também faziam experimentos com plantas, tipos de solo, estoques de alimentos, os permitindo, portanto, usar do dom divino da criatividade de forma sábia e produtiva de modo a acumular dinheiro para o monastério e ajudar aos pobres[17].

A Economia demonstra que a taxa de retorno (lucro) sobre o capital, no longo prazo, tende a igualar-se com a taxa de juros. A taxa de juros, por sua vez, é o pagamento dado

---

17 EKELUND JR., Robert B.; HÉBERT, Robert F.; TOLLISON, Robert D.; ANDERSON, Gary M. & DAVIDSON, Audrey B. *Sacred Trust: The Medieval Church As an Economic Firm*. New York: Oxford University Press, 1996. p. 53-54.

Capítulo 8 | Argumento Bíblico a favor do Empreendedorismo

por adiar o consumo presente pelo consumo futuro (às vezes denominada taxa de preferência temporal). Para o senhor da parábola de Jesus, não era suficiente recuperar meramente o valor original do talento, ao contrário, esperava do servo que aumentasse o valor pela participação na economia. Até mesmo um nível mínimo de participação, tal como manter o dinheiro numa conta de investimento, teria dado uma pequena taxa de retorno ao capital de seu senhor. Enterrar o capital sacrifica até a mínima possibilidade de retorno, e isso foi o que gerou o furor do mestre na indolência do servo.

No livro do Gênesis, lemos que Deus deu a Terra com todos os seus recursos para Adão e Eva. Adão devia combinar o seu trabalho com a matéria-prima da criação para produzir os bens para sua família[18]. Da mesma maneira, o senhor na Parábola dos Talentos esperava que os servos usassem os recursos à disposição

---

18 O decreto *Apostolicam Actuositatem* sobre o apostolado dos leigos, do Concílio Vaticano II, promulgado em de 18 de novembro de 1965, desenvolveu esse argumento na seguinte passagem:

> [...] que os homens, em espírito de concórdia, instaurem e continuamente aperfeiçoem a ordem das realidades temporais. Todas as realidades que constituem a ordem temporal, como sejam os bens da vida e da família, a cultura, a economia, as artes e profissões, as instituições da comunidade política, as relações internacionais, e outras semelhantes, assim como sua evolução e progresso, não são apenas auxílio para o fim último do homem, mas Têm também um valor próprio que foi posto nelas por Deus, quer consideradas em si mesmas quer como parte de toda a ordem temporal. *"E Deus viu tudo o que tinha feito: e era muito bom"* (Gn 1, 31). Esta sua bondade natural recebe uma dignidade especial da sua relação com a pessoa humana, para cujo serviço foram criadas. Finalmente, aprouve a Deus unificar em Cristo Jesus todas as coisas, tanto as naturais quanto as sobrenaturais, *"para que ele próprio tenha em tudo a primazia"* (Cl 1,18). Esta finalidade não só priva a ordem temporal de sua autonomia, dos seus fins próprios, das suas leis, dos seus próprios meios, da sua importância para o bem dos homens, mas antes a aperfeiçoa na sua força e valor próprio e simultaneamente a adequa à vocação integral do homem sobre a terra (§ 7).

para aumentar o valor de suas posses. Em vez de preservar passivamente o que tinha sido dado, os dois servos fiéis investiram o dinheiro, mas o senhor ficou furioso, com razão, com a timidez do servo que recebeu um talento. Por essa parábola, Deus nos ordenou usar nossos talentos de modo produtivo, e nos exorta a trabalhar, a ser criativos e a rejeitar a preguiça.

Ao longo da história, os povos se empenharam em construir instituições que garantissem segurança e minimizassem os riscos – da mesma maneira como o servo infiel tentou fazer com o dinheiro do seu senhor. Tais esforços vão desde os Estados de bem-estar greco-romanos, passam pelas comunas ludistas dos anos sessenta, e pelo socialismo totalitário em escala absoluta. De tempos em tempos, esses esforços foram acolhidos como soluções "cristãs" para as incertezas futuras. Assim, a incerteza não é só um risco a ser evitado, pode ser uma oportunidade para glorificar a Deus pelo uso sábio dos dons. Na Parábola dos Talentos, a coragem diante de um futuro desconhecido foi generosamente recompensada no caso do primeiro servo, a quem foi confiada a maior parte. Usou os cinco talentos para adquirir mais cinco. Teria sido mais seguro para ele depositar o dinheiro num banco e receber uma taxa nominal de juros. Por tomar riscos razoáveis e demonstrar perspicácia empresarial, foi-lhe permitido manter o quinhão original, bem como os novos ganhos. Além disso, foi até convidado a se regozijar com o senhor. O servo preguiçoso poderia ter evitado o destino sinistro caso demonstrasse mais iniciativa empresarial. Se tivesse feito um esforço para aumentar as posses de seu senhor, mas falhado no processo, não teria sido julgado de modo tão severo.

A Parábola dos Talentos indica uma obrigação moral de enfrentar a incerteza de um modo empreendedor. Não há exemplo mais apropriado de tal tipo de indivíduo do que o do empresário. Os

Capítulo 8 | Argumento Bíblico a favor do Empreendedorismo

empresários olham para o futuro com coragem e com senso de oportunidade. Ao criar novos empreendimentos, abrem novas opções para as pessoas com relação à obtenção de emprego e desenvolvimento de habilidades. Entretanto, nada do que foi dito nos deveria levar a acreditar que o empresário, pela importância que ele ou ela tem para a sociedade, deva ser eximido de prestar contas no plano espiritual. O comportamento imoral pode ser encontrado dentre os empresários com tanta frequência quanto encontramos entre qualquer outro grupo de seres humanos pecadores. *No entanto, é importante não canonizarmos a pobreza nem demonizarmos o sucesso.*

Sem dúvida, ao ir de encontro à vocação, os líderes dos negócios são tentados de muitas maneiras. Às vezes, a tentação é pensar que o ruidoso mundo dos negócios e das finanças é espiritualmente insignificante e que o objetivo final é semelhante. Nesses momentos, os empresários devem refletir novamente sobre o capítulo vinte e cinco do Evangelho de Mateus e compreender o fato de que Deus os dotou de talento e que Ele espera que os empreendedores sejam industriosos, generosos e inovadores. E, se forem fiéis a esse chamado, podem esperar ouvir as palavras ditas pelo senhor aos primeiros servos: *"Muito bem, servo bom e fiel! Sobre o pouco foste fiel, sobre o muito te colocarei. Vem alegrar-te com o teu senhor!"* (Mt 25, 21).

POSFÁCIO À EDIÇÃO BRASILEIRA

É sempre um prazer retornar aos textos do padre Robert Sirico, um apóstolo devoto de que a beleza do mercado é mais um reflexo da glória do Criador e das leis econômicas que possibilitam a divisão social do trabalho. Neste sentido, o ensaio *A Vocação Empresarial* é um passo importante para desmistificar no Brasil a injusta cruzada de muitos setores da sociedade contra a Liberdade Econômica e o empreendedor.

Como a maioria dos economistas nunca aborda a questão moral da riqueza, o empreendedorismo se tornou um saco de pancadas frequente de líderes mal-intencionados e um verdadeiro bode expiatório das mazelas do país.

É preciso entender que o fundamento do direito econômico está enraizado na doutrina cristã do homem. O que eu e você estudamos em Ciência Econômica não são os planetas, as estrelas, ou as árvores. Pelo contrário, nosso objeto de estudo em Economia é o homem e a sua interação com outros membros da sociedade. Ou seja, o ator principal de qualquer análise econômica é o homem, um ser criado a imagem e semelhança de Deus. Assim, o estudo da economia e suas áreas afins é uma compreensão ampla de um ser criado por Deus, o que nos reforça que Economia e Teologia andam de braços dados. A produção de bens e riquezas é parte inerente da obra da criação e não pode ser de maneira simplista acusada de ser maléfica ao bem-estar da sociedade.

Pense nisto, o maior e inédito movimento religioso da história envolvendo as três grandes religiões monoteístas (cristianismo, judaísmo e islamismo) não começou com um sacerdote, pastor ou qualquer outro líder religioso, mas se iniciou com um homem de negócios chamado Abraão.

Este é o ponto alto dos textos do autor, não fugindo da associação da economia com o cristianismo. Ora, uma das maiores preocupações da sociedade moderna é a questão da pobreza e todos os casos de solução para a mesma não passam pela distribuição da riqueza como a história já ensinou. A solução está na geração de mais riqueza e bens materiais. Um faminto precisa que um agricultor produza mais comida, um desabrigado precisa que um empreendedor construa mais casas ou um desnudo precisa que um industrial produza mais roupas.

Desta forma, é bem-vinda a maneira como este ensaio aborda vários ramos da atividade empresarial. Uma delas é trazer à tona a questão do chamado, pois muitos homens e mulheres por não saberem qual a sua vocação e que há uma dimensão espiritual no trabalho e na família, são acometidos por uma falta de propósito em suas vidas. Ficam sem um norte e não compreendem que o verdadeiro chamado dura a vida inteira. É preciso relembrar que Deus está ativo através da vocação de homens, mulheres e jovens para assegurar que famílias estejam alimentadas, que lares sejam construídos, que a justiça seja cumprida.

Finalmente, talvez a parte mais ilustrativa desta obra é a referência a Parábola dos Talentos, uma resposta direta àqueles que veem uma contradição entre o sucesso empresarial e uma vida em Cristo. Vale lembrar que Jesus ensinou esta parábola aos seus discípulos durante a última semana do seu ministério, dias antes de sua crucificação. Esta parábola ensina como devemos viver até que Jesus volte. Não é para ser uma espera passiva, mas agindo através do trabalho e aproveitando ao máximo as oportunidades que nos são confiadas. É viver ativamente. Este ensinamento de Jesus é uma história sobre capital, investimento, empreendedorismo, e o uso adequado de recursos econômicos escassos.

Eu temo pelo tempo em que todos os vestígios do cristianismo serão eliminados da economia. Cada vez que nos afastamos da visão cristã da economia, corremos o risco de retornarmos ao período tribal ou mercantilista do passado.

A Bíblia nos ensina que depois que aprendemos algo, não podemos mais permanecer de braços cruzados. Esta será a sua responsabilidade, pois depois da leitura deste ensaio, você não mais poderá se omitir. É como ensina o apóstolo Tiago, no capitulo 4, versículo 17: *"Portanto, aquele que sabe que deve fazer o bem e não o faz nisso está pecando"*.

Antônio Cabrera Mano Filho
Presidente do Comitê Gestor
Centro Mackenzie de Liberdade Econômica

ÍNDICE REMISSIVO E ONOMÁSTICO

A

Abraão, 66
Adão e Eva, 48, 61
América Latina, 25-26
Apostolicam Actuositatem, Decreto sobre o Apostolado dos Leigos, promulgado no Concílio Vaticano II, em 18 de novembro de 1965, pelo Papa Paulo VI, 61
Arizona Republic, 40
Atlântico Norte, 26

B

Banqueiros, 7, 55
Ben & Jerry's, 38-41
Beneditinos, 59
Bíblia, 43, 53, 56, 67
Body Shop, The, 38-41
Boff, Leonardo (1938-), 8
Brasil, 9, 65

C

Capitalistas, capitalismo, 7, 8, 10, 18, 19, 25, 29, 32, 36, 37, 40, 41, 42, 49, 56
Chamado, 10, 11, 13, 23, 44, 47, 48, 49, 59, 63, 66,
Chouinard, Yvon (1938-),38, 39, 40, 42,
Clero, 8,12,29,37,47
Cobiça, 18

C

Cohen, Ben (1951-), 39, 40, 42
Comunas ludistas da década de 1960, 62
Concílio Vaticano II, 47
Conto de Natal, Um, de Charles Dickens, 18

D

Dallas (seriado), 18
Dickens, Charles (1812-1870), 8, 18
Dilbert, 18
Dinastia, 18
Direito Canônico, 47
Direito de propriedade, 9, 59
Discovery and the Capitalist Process, 58
Doonesbury, 18

E

Earth First, 38
Economia de mercado, 10, 12, 29, 50
Empreendedores, 7, 8, 9, 11, 12, 13, 19, 49, 51, 63
Escatologia, 45
Escrituras, 29, 44, 53
Essay on the Development of Christian Doctrine, An [*Ensaio sobre o Desenvolvimento da Doutrina Cristã*] de John Henry Newman, 34
Estados de bem-estar greco-romanos, 62
Estados Unidos, 9, 26
Ética Empresarial, 20
Ética Social, 26
Europa central, 51

F

Fonck, Leopold (1865-1930), 56
Forbes, 24
Francisco, Jorge Mario Bergoglio (1936-), 8-9

G

Gaudium et Spes, 47
Gilder, George (1939-), 49-50
Greenfield, Jerry (1951-), 39,40,42
Gregg, Samuel (1969-), 58-59

H

Hugo, Victor (1802-1885), 8

I

Idade Média, 9
Igreja Católica, 34

J

João Paulo II, Karol Józef Wojtyła (1920-2005), Papa São, 9, 20, 35
Juros, 9,20,36

K

Kirzner, Israel (1930 -), 57-58

L

Lewis, Sinclair (1885-1951), 18
Livro de Isaías, 28

Livro de Mateus, 53, 58, 63
Livro do Gênesis, 48, 59, 61
Los Angeles Times, 38

M

Mandato cultural, 45, 48, 59
Mandeville, Bernard (1670-1733), 20
Mercado livre, 9
Mises, Ludwig von, (1881-1973), 58
Moralidade "Robin Hood", 28

N

Natureza humana, 34
New Bible Commentary, 55
Newman, John Henry, (1801-1890), 34
North, Gary (1942-), 43-44
Northwest University, 26
Novak, Michael (1982-), 25, 26, 48

O

Oliveira, Plinio Corrêa de (1908-1995), 9
Ordem dos cistercienses, 59

P

Parábola dos Talentos, 53, 55, 57, 58, 59, 61, 62, 67
Patagonia, 38-41
Pensamento social-democrata, 7
Perdas econômicas, 32
Pio X, Giuseppe Melchiorre Sarto (1835-1914), Papa São
Preconceito anticapitalista, 8

R

Regra de São Bento, 59
Reino de Cristo, 45
Reconstrução Cristã, 43
Responsabilidade social corporativa, 37-38
Revolução Francesa, 8
Roddick, Anita (1942-2007), 39, 40, 42
Rain Forest Crunch, 41
Ruether, Rosemary (1962-), 26

S

Saint Michael College, 26
Schumpeter, Joseph A.(1883-1950), 50-51
Síndrome da China, 18
Sínodo da Amazônia, 9
Smith, Adam (1723-1790), 28
Socialismo totalitário, 62
Subsídios públicos, 32

T

Teologia da criação, 45
Teologia da Libertação, 8, 26, 43
Teologia do Domínio, 43-45
Teoria Econômica Básica, 42
Teologia Moral, 33, 34, 42

U

Universidade de Toronto, 26
Universidade de Salamanca, 9

V

Visão marxista, 7
Vocação, 11, 19, 23, 24, 32, 33, 47, 48, 49, 53, 54, 61, 63, 65, 67,

W

Wall Street: Poder e Cobiça (filme), 18
Wealth and Poverty [Riqueza e Pobreza], de George Gilder, 49-50

A trajetória pessoal e o vasto conhecimento teórico que acumulou sobre as diferentes vertentes do liberalismo e de outras correntes políticas, bem como os estudos que realizou sobre o pensamento brasileiro e sobre a história pátria, colocam Antonio Paim na posição de ser o estudioso mais qualificado para escrever a presente obra. O livro *História do Liberalismo Brasileiro* é um relato completo do desenvolvimento desta corrente política e econômica em nosso país, desde o século XVIII até o presente. Nesta edição foram publicados, também, um prefácio de Alex Catharino, sobre a biografia intelectual de Antonio Paim, e um posfácio de Marcel van Hattem, no qual se discute a influência do pensamento liberal nos mais recentes acontecimentos políticos do Brasil.

Liberdade, Valores e Mercado são os princípios que orientam a LVM Editora na missão de publicar obras de renomados autores brasileiros e estrangeiros nas áreas de Filosofia, História, Ciências Sociais e Economia. Merecem destaque no catálogo da LVM Editora os títulos da Coleção von Mises, que será composta pelas obras completas, em língua portuguesa, do economista austríaco Ludwig von Mises (1881-1973) em edições críticas, acrescidas de apresentações, prefácios e posfácios escritos por renomados especialistas brasileiros e estrangeiros, além de notas do editor. Além dos volumes avulsos em formato brochura, serão lançadas edições especiais em capa dura, comercializadas em conjuntos exclusivos com tiragem limitada.

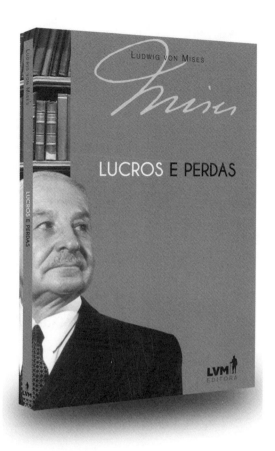

Lucros e Perdas é conferência ministrada em 1951 por Ludwig von Mises, no encontro da Mont Pelerin Society, realizado na França. Dentre os temas abordados estão a natureza econômica dos lucros e das perdas, a condenação dos lucros com a proposta de abolição dos mesmos, e a alternativa oferecida pelo livre mercado. O livro reúne também um ensaio do autor sobre a questão da igualdade e da desigualdade. Nesta edição foram inclusos uma apresentação de Jim Powell, uma introdução de Robert A. Sirico, um prefácio de Antony Mueller e um posfácio de Hans-Hermann Hoppe.

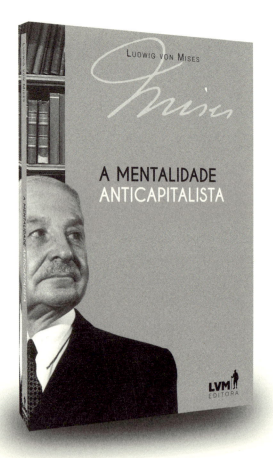

A *Mentalidade Anticapitalista* é uma influente análise cultural, sociológica e psicológica de Ludwig von Mises acerca da rejeição ao livre mercado por uma parte significativa dos intelectuais. Em linguagem agradável, o autor discute com clareza e lucidez os principais elementos que caracterizam o capitalismo, o modo como este sistema é visto pelo homem comum, a literatura sob este modelo econômico e as principais objeções às sociedades capitalistas, além de abordar a questão do anticomunismo. Nesta edição, além do ensaio biográfico escrito por Bettina Bien Greaves, foram inclusos um prefácio da mesma autora, uma apresentação de F. A. Hayek, um prefácio de Francisco Razzo, um posfácio de Isreal M. Kirzner e um estudo anexo de Jesús Huerta De Soto.

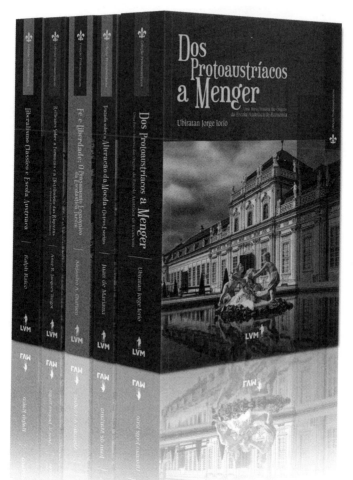

Visando cumprir parte da missão almejada pela LVM Editora de publicar obras de renomados autores brasileiros e estrangeiros nas áreas de Filosofia, História, Ciências Sociais e Economia, a Coleção Protoaustríacos lançará em português inúmeros trabalhos de teólogos, filósofos, historiadores, juristas, cientistas sociais e economista que influenciaram ou anteciparam os ensinamentos da Escola Austríaca Economia, além de estudos contemporâneos acerca dos autores que, entre a Idade Média e o século XIX, ofereceram bases para o pensamento desta importante vertente do liberalismo.

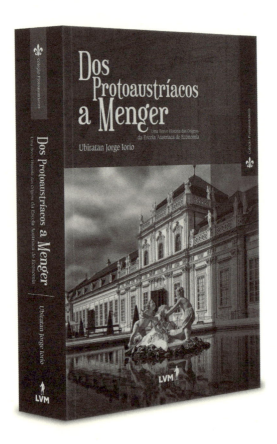

A presente obra é uma apresentação histórica das contribuições teóricas de diversos autores considerados precursores da Escola Austríaca de Economia. Em doze capítulos são apresentas a biografia, as principais ideias e as contribuições específicas de determinados pensadores à tradição austríaca. Iniciando com os teólogos pós-escolásticos, especialmente Juan de Mariana, o livro analisa o pensamento, dentre outros, de Richard Cantillon, de Jean-Baptiste Say, de Frédéric Bastiat, de Hermann Heinrich Gossen, de Gustave de Molinari e de Carl Menger. O livro poussui uma nota editorial de Alex Catharino, um prefácio de Fabio Barbieri, um proêmio de Claudio A. Téllez-Zepeda e um posfácio de José Manuel Moreira.

Em doze capítulos, a presente obra de Alejandro Chafuen faz uma análise filosófica, histórica, econômica e jurídica das contribuições teóricas dos teólogos e filósofos da escolástica tardia ibérica ao entendimento do livre mercado, discutindo como esses pensadores católicos abordaram em suas reflexões morais temas como propriedade privada, finanças, teoria monetária, comércio, valor e preço, justiça distributiva, salários, lucros, e atividade bancária e juros, Finalmente, é feita uma comparação entre o pensamento econômico dos escolásticos e as diferentes correntes liberais modernas, em particular a Escola Austríaca de Economia. O livro possui nota editorial de Alex Catharino, prefácio de Paulo Emílio Borges de Macedo, proêmio do padre James V. Schall, S.J., preâmbulo de Rafael Termes e prólogo de Michael Novak, bem como uma introdução exclusiva para a edição brasileira e um posfácio escritos por Alejandro Chafuen.

Acompanhe a LVM Editora nas redes sociais

 https://www.facebook.com/LVMeditora/

https://www.instagram.com/lvmeditora/

Esta obra foi composta pela Spress em Dante (Texto) e Bedini (Título) e impressa em Pólen 80g. pela PlenaPrint Gráfica para a LVM Editora em maio de 2019